VOLAR A LA TIERRA DE LA LIBERTAD

Por
Altin Dervishi

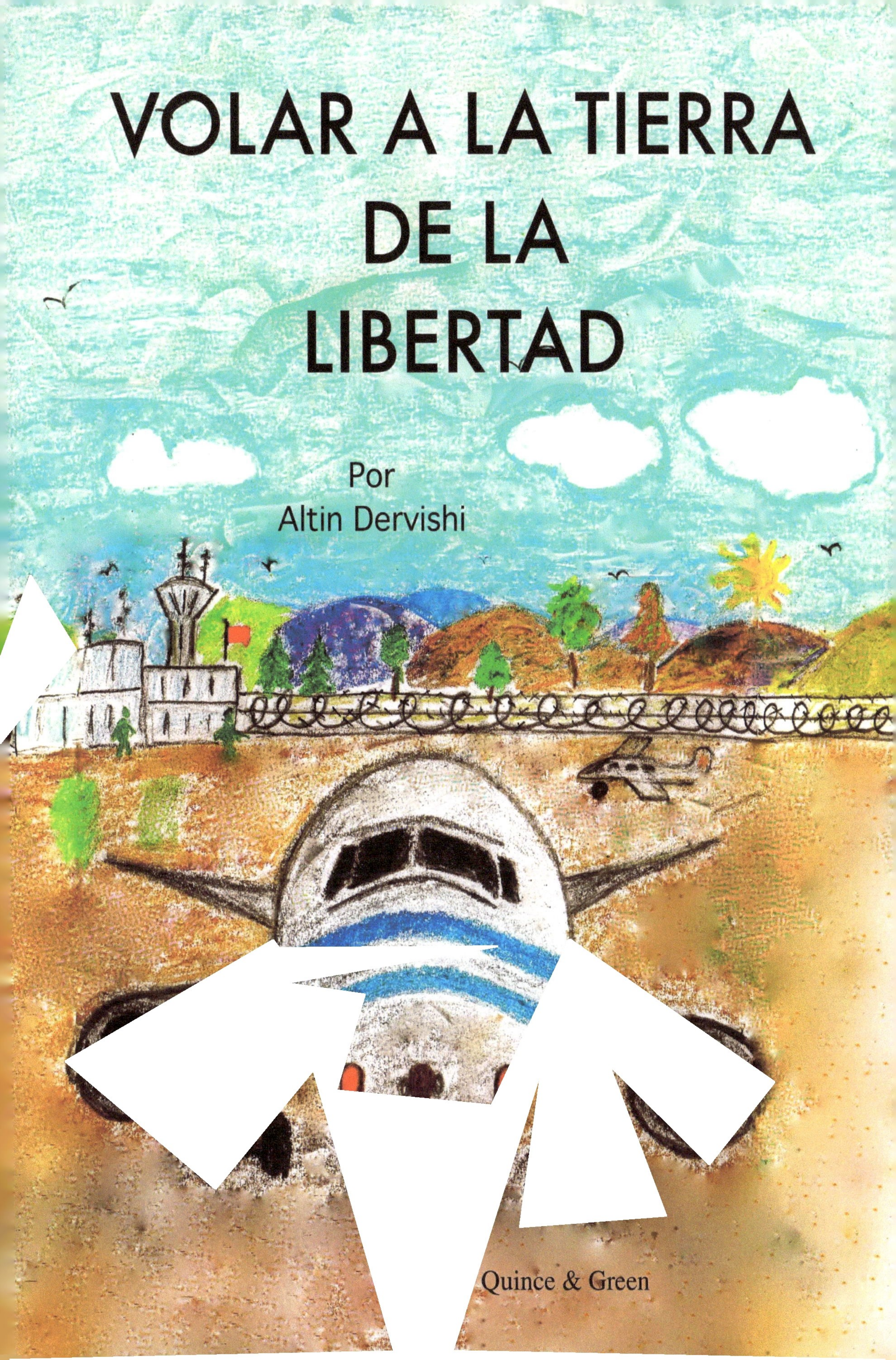

Quince & Green

Quince & Green

Derechos de autor © 2010 Altin Dervishi

Todos los derechos reservados.

Esta es la historia de cómo mi familia y yo, escapamos de la injusta situación política de nuestro país y nos fuimos a vivir a Canadá.

Yo nací en Albania, un país pequeño en el Sudeste de Europa situada entre los mares Adriático y Jónico.

Con una colorida costa rocosa y altas montañas nevadas, Albania era un lugar precioso, pero aislado del resto del mundo.

Sólo a unas pocas personas seleccionadas se les permitió entrar y salir del país. Nadie más.

Las fronteras estaban llenas de soldados jóvenes. Diparaban a todo aquel que trataba de cruzar. La pobreza y el hambre había afectado a todo el pais.

La vida era muy dura para todos, pero nadie se atrevía a quejarse por el temor a la pena de prisión y de la hambruna.

 Esta era la situación de mis abuelos. Tenían que cuidar, y criar, nueve niños: seis niños y tres niñas. Hubo Siempre momentos difíciles.

Para empeorar las cosas, la mayoría de los bienes que tenían para las futuras generaciones fue tomado por el gobierno comunista. Todas las tierras confiscadas pasaron al pueblo.

Algunos parientes de la familia estaban en contra de esta situación injusta. Exigieron sus tierras y, por tanto, fueron a parar a la cárcel. Algunos otros fueron ejecutados por oponerse al sistema.

Esto hizo que el resto de la familia fueran tratados muy injustamente y despreciados.

En todo el país, las cosas fueron empeorando. En este insoportable tiempo, tres hermanos adolescentes decidieron escapar de Albania comunista y sus severas leyes. Era una decision de vida o muerte.

   Cada día las personas estaban perdiendo sus vidas, tratando de cruzar la alambrada de las fronteras. Aquellos que fueron capturados vivos fueron enviados a la cárcel de por vida

   El hermano mayor planeó cuidadosamente el escape con uno de sus primos, un pastor que conocía las colinas.

   Hicieron un plan para pasar a través de un bosque y desde donde iban a cruzar la frontera griega. Esto tenía que ser hecho en el medio de la noche…

   Si los jóvenes adolescentes eran capaces de cruzar vivo al otro lado, entonces tratarian de continuar a través de las colinas y las montañas por un día y medio, hasta que pudieran encontrar ayuda.

Sin embargo, este no era el momento adecuado para escapar. El invierno era crudo y las montañas estaban cubiertas de nieve.

El plan se mantuvo en secreto mientras esperaban que el invierno acabara para terminar. Después de unas pocas semanas, la primavera llegó por fin y los chicos estaban listos.

El momento de la salida llego. Decir adiós a sus padres y sus familias, fue uno de los momentos mas difíciles.

Con muchos abrazos y besos, uno a uno, los adolescentes recibieron la bendición de sus padres. Se abrazaron unos a otros por un largo tiempo y derramaron muchas lágrimas.

Mi abuela quería dejar a sus chicos. Ella respiró profundo de ellos y ella quería sentirlos más cerca de su corazón una vez más. Este fue un duro adiós.

"Si no puedes ayudar a alguien en necesidad, no le hagas daño," indicó el padre. "Y no miren atrás chicos, vayan directo a Canadá," continuó.

"Vamos a buscar una vida mejor, y estaremos juntos pronto," mascullarós los chicos con una voz emocional. Dentro de ellos, sentimientos encontrados de adormecimiento, confusión y miedo, estaban creciendo.

Estaban dispuestos a reventar con tristeza. " Nuestros corazónes siempre los van a extreñar," dijo la madre, sollozando y temblando en la noche neblinosa. "Adiós ..."

Era 1951 Marzo. Una húmedo noche y sin luna, hacia una vida desconocida. Mientras camina banlentamente hacia el bosque, sintieron un vacío. Escaparán ellos con vida? Volverán a ver a su familia de Nuevo? Sus siluetas desaparecieron silenciosamente en la profunda oscuridad.

   Los días pasaron...la familia, y especialmente mi abuela, estaban slenciosamente a la espera de alguna noticia.

 La policía y el servicio secreto irrumpieron en sus casa una noche. Todos ellos estaban muy enojados. "Ustedes sucios traidores!" ellos gritaban.

   Ellos comenzaron rompiendo mobiliario, rompiendo platos y virando todo al revés. Entonces, ellos comenzaron interrogar y torturar a todos por separado, sobre todo mi abuelo.

Aunque los interrogadores eran muy duros y e intimidantes, incluso con los hermanos y hermanas menores, la familia les dijo nada.

Finalmente ellos se dieron por vencidos. Mientras su grupo estaba saliendo uno de ellos gritó con enojo:

"Su chicos son traidores. Ellos han traicionado a nuestro país, y han cruzado ilegalmente a Grecia. Todos ustedes son traidores y toda su familia va a pagar por esto!" gritaron.

El corazón de la abuela se derritió con alegría. Sus hijos estaban a salvo! Habían escapado de la miseria y ahora eran libres de decidir su destino.

Desde ese momento, su vida dio un giro para peor.

Una vez que habían sido despreciados como "traidores a la patria," entonces, toda la familia fue considerada "peligrosos enemigos del país." Y así la venganza comenzó.

Mi tío, un joven adolescente en ese momento, fue acusado injustamente de tratar de prender fuego a una institución gubernamental.

Su amigo mayor fue ejecutado en la horca, y a mi tío se le dio veinte años en la cárcel por algo que no hizo.

Su casa, y todo lo que quedaba de sus bienes, fueron tomados. Mis abuelos fueron detenidos, torturados y los mantuvieron en la cárcel por un tiempo. Más tarde fueron enviados lejos con nada, a un muy lejano campo de internamiento.

Este lugar fue en un valle profundo, totalmente rodeado de alambradas y guardias.

En el aislado campamento, todas las familias vivían congestionadas en cuarteles de madera que estaban infestados de ratas y mosquitos, y no tenía calefacción, agua, y la higiene básica. Veranos calurosos fueron los más insoportables. El tristemente célebre campo de internamiento de Cerma se encuentra en la región de Albania central.

   Algunos de sus otros hijos pequeños, se quedaron sin hogar a vagar en las calles.

   Mi padre, quien tenia diez años en ese momento, fue ayudado por algúnos tipo familiares. El fue presentado a una familia de agricultores. Allí, trabajó durante algunos años como pastor en las montañas lejanas.

   Este pueblo estaba pocas horas de distancia de su ciudad natal. Dos de los otros hijos, una niña de seis años y un niño de ocho años de edad, también recibierón cierto apoyo de un primo lejano.

Con miedo a ser castigado por la policía, esta familiar sólo permitió que los niños a durmieran en el establo de noche. Heno y mantas los mantuvieron calientes de los gélidos inviernos.

Antes del amanecer, a los niños se les pidió que se levantaran y andaran hacia la ciudad, donde ellas rogaban y deambulaban durante el día.

La mayoría de las personas estaban demasiado asustados para cuidar de ellos. Con la ayuda de pocas familias de buen corazón, ellos lograron sobrevivir al duro frío. Tras más de un año de lucha, ellos se reunieron con sus padres en el campo de trabajo.

Finalmente, todos ellos estaban felices de haberse reunificado como una familia, pero la felicidad no duró mucho.

Unos meses más tarde, la hermana más joven, entonces siete años de edad, se enfermó gravemente y murió a causa de una enfermedad desconocida.

La vida no podría ser más insoportable para mis abuelos, que estaban tristes de ver a su familia crecer en estas condiciones.

Ellos no habían hecho nada para merecer esto, pero era su destino y tuvieron que aceptarlo.

Con el tiempo, esto se convirtió en su modo de vida. Mi padre, el muchacho que era pastor, también afortunadamente encontró a su mamá y papá después de unos pocos años.

El otro hermano fue liberado de prisión por buena conducta después de hacer un poco más de la mitad de su condena.

Todos ellos, incluyendo las dos restantes hijas, finalmente se casaron e hicieron sus familias.

En el campo de trabajo, mis padres y parientes trabajaron muy duro en el campo todo el día. Era un trabajo agotador, pero ellos mantuvieron su espíritu alto.

En algunas ocasiones especiales en la tarde, ellos a costumbraban a celebrar con cantos y bailes tradicionales.

Hubo cumpleaños, compromisos y bodas a los que a veces mi familia asistió después del trabajo en el campo de internamiento. El baile y canto duraban hasta la medianoche.

Fue muy gracioso y entretenido para todas las familias en el interior del campo de trabajo, e incluso a los guardias y la policía secreta.

Algunos de estos hombres tenían buen corazón, pero tenian que hacer un trabajo riguroso. Sus deber era vigilarnos las veinticuatro horas del día, siete días a la semana.

Cada una de las familias adentro necesitaba permiso para salir del campamento para situaciones especiales y situaciones de emergencia.

Fue en uno de esos campamentos en que nací y donde mi infancia tuvo lugar.

Con mi hermano mayor y mi hermana y mis primos de la misma edad, crecimos con los sentimientos de miedo y prudencia, en nuestra pequeña escuela y áreas de juego.

Todos nos gustaba ir a la escuela. Todos nosotros éramos buenos estudiantes, pero nuestro destino había sido sellado por el sistema. Todos ibamos a convertirnos en obreros de los campos fuera del campamento.

    Mi mamá y papá tuvieron cuidado de no quejarse de la dura vida cuando estábamos alrededor.

 Ellos siempre estuvieron preocupados por nosotros repitiendo palabras infelices a nuestros amigos y los maestros en las aulas y áreas de juego. Pero nesotros áramos tan cauteloso como ellas eran.

   Nuestros abuelos estaban siempre explicando nos sus preocupaciones y ellos fueron respondiendo a nuestras preguntas desconcertantes con prudencia y tacto. Esta precaución era una necesidad para sobrevivir.

 Hubo noches, cerca de la chimenea, que a nuestro abuelo le encantaba contar a todos sus nietos historias sobre su tiempo en Canadá.

Esto fue en los días en que el era un hombre joven. Después de la Primera Guerra Mundial, el decidió buscar trabajo en el extranjero.

Un día, mi abuelo se subió a un barco desde Inglaterra, y viajó durante varias semanas a Halifax, Canadá. Era Mayo de 1916.

Una vez que alcanzó el puerto de Halifax, este joven continuó su viaje a través del país a Toronto, donde sus familiares desde su ciudad natal lo estaban esperando.

Inmediatamente después de su llegada, estos parientes ayudaron a su joven prima a conseguir un trabajo de un carnicero de un famoso trabajan do para una famosa compañía empacadora de carne llamada "Canadá Packers."

Cuando tenía algún tiempo libre, mi abuelo solía sentarse y relajarse en los bancos del parque, en el animado barrio.

Admiraba los cambios de estación, los hermosos colores de la primavera, y las hojas de arce brillantes en el otoño.

También era agradable ver los felices y sorientes rastros de los habitants de Toronto que paseaban cerca. "Los canadienses fueron amables, agradables, y respetuoso", solía decir. A mi abuelo le encantó su nuevo país.

Después de unos años de éxito de duro trabajo y ahorro de dinero, la soledad era mucha y el hombre comenzó a sentir nostalgia

A mediados de la década de 1920, mi abuelo decidió regresar a su raíces albanesas.

Un año después de su llegada a Albania, se casó con una hermosa joven (mi abuela), que venía de una prominente familia acomodada de su ciudad.

Juntos compraron una propiedad de buen tamaño y construyeron una casa bonita. Pasaron los años y que ellos vivieron una simple y feliz vida.

Más tarde, en los años siguientes, la nueva pareja tuvo once hijos, tres de los cuales murieron al nacer, debido a la falta de atención de la salud.

La vida fue buena por un tiempo, con algunos problemas aquí y allá, pero luego las cosas cambiaron. La Segunda Guerra Mundial estalló.

Muchos ejércitos extranjeros vinieron y se fueron; quemaron, mataron, confiscaron, demolieron y destruyeron todo lo que quedaba del pobre país. Mi abuelo se las arregló para sobrevivir todos esos tiempos difíciles.

Mi abuelo protegió a su gran familia de nueve muy pequeños niños, y no tomó partido en la guerra. Durante algunos de los momentos difíciles, el solía recordar los bellas calles de Toronto, llenas de gente feliz y agradable. Tal vez el debio haberse quedado allí...Ahora años habían pasado.

Después de unos brutales años terminó la guerra, pero las dificultades no se terminarón en Albania.

Pasaron los años, y las esperanzas del abuelo para el cambio y para una vida libre en su país se habían desvanecido. Comenzó a soñar con el reencuentro con sus muchachos, que se han convertido en hombres adultos ahora

Ellos habían emigrado a Canadá, y todos ellos estaban casados, y tenían hijos.

Había oído que les iba muy bien. Los tres hermanos tenían un negocio de un exitoso restaurante cerca de Toronto, en una pequeña ciudad llamada Peterborough.

Muchos años han pasado desde aquella fria mañana de primavera, cuando sus chicos habían dicho sus último adiós. Mi abuelo realmente los extrañaba mucho.

"Canadá es sin duda un gran país libre. Tal vez algún día vamos a estar todos juntos con ellos allí ", pensó con nostalgia mezclada con esperanzas.

Por desgracia, ese día nunca llegó a mi abuelo. Murió en la pobreza y las privaciones, y dejó sus sueños y lamentos atrás con todos nosotros.

Nuestros tíos del extranjero trataron de ayudar a mi Papá financieramente un par de veces, pero la mayoría de su dinero y de sus cartas nunca llegó a nosotros. La policía secreta o como era conocida en Albania, "*sigurimi*", tenia un control estricto sobre all correo internacional.

Hubo momentos en que mi abuela solía darme cálidos abrazos para mantener mis esperanzas en alto.

"Días mejores vendrán, y usted se reunirá con sus primos en un gran país. El futuro será bueno para todos", me recuerdo que ella decía.

 Por la noche yo solía a mirar profundamente en el cielo oscuro lleno de brillantes estrellas. Había un gran mundo ahí fuera, y yo realmente quería verlo.

 Mi vida era simple y yo esperaba y deseaba antes de acostarse que los sueños de nuestra familia se hicieran realidad.

 Unos pocos años pasaron, y un día, mi papá llegó a casa con una esperanzadora y brillante sonrisa. Esto fue un poco inusual.

    El conció a alguien que le había prometido sacarnos del país. Era una sensación irreal.

"No puede ser verdad", dijo mi madre. Por favor ten cuidado. No confies en allos."

    Pero la paciencia ha llegado a su fin. Al pasar de los días, mi padre decidió intentarlo con prudencia.

    Estábamos emocionados y asustados. Era una esperanza increíble.

Este plan era muy arriesgado y tuvieron que mantenerlo en secreto total. Nuestro familia pagó todo el dinero pedido espero. Estos fueron todos los ahorros de años de duro trabajo y algunos de los fondos enviados desde nuestros tíos años antes.

Gracias a este hombre y a sus amigos, los pasaportes y los billetes estaban listos para nosotros. Parecía increíble.

Todos estos documentos y el papeleo eran legales, pero nostros nunca podría habriamos sido capaces de obtenerlos, debido al estricto control de la dictadura.

A fines de Octobre 1989, por fin el dia habia llegada. Nostros invitamos a nuestra tia a quedarse en nuestra casa mientras estabamos fuera..

Esta fue una medida de precaución para mostrar a los espías que había gente en casa, y todo estaba normal.

Mis padres habían planeado dejar el campo de internamiento sin ser detectados.

Aunque el lugar estaba bajo vigilancia todo el tiempo, algunas cosas habían cambiado. Los guardias no eran tan estrictos como lo habían sido hace muchos años.

Un amigo de mi papá era un guardia en el campamento. Este hombre de confianza se había comprometido a hacer la de vista gorda mientras todos salíamos.

Era una frío, y oscuro, medianoche en el exterior, y dentro de la casa estabamos preparádonas para salir en secreto.

Estábamos muy emocionados. Mi Madre abrazaba y besaba su hermana, como si nunca se fueran a ver otra vez. Las cálidas lágrimas corrian por nuestras frias caras.

Estábamos sollozando silenciosamente, mientras eramos conducidos hacia el destino proyectado.

   Después de llegar a tiempo en el pequeño aeropuerto nacional, nos dividimos en tres grupos de dos, mi padre y yo, mamá y mi hermana, y mi abuela con mi hermano.

   Tranquilamente, nos alinean y mezclan en la multitud con unos pocos locales y extranjeros, y sequimos los procedimientos.

   Soldados en uniforme verde estaban alrededor del aeropuerto.

   Cuando estábamos a punto de embracer en el avìón, alguien comenzó sospechar de nosotros. Nuestros corazones palpitaban fuertemente con miedo.

"Oh, no! Están mirando," susurró mi hermano. "No mires hacia atrás. Sigue caminando," respondió mi padre. Todos nos sentíamos nerviosos ...

Después de subir al avión lentamente, tomamos nuestros asientos según las instrucciones, y esperamos con ansiedad. Hubo conversaciones en voz alta fuera. La situación era tensa.

Nuestra abuela de noventa años habia llamado la atención y levantado sospecha. No era habitual para alguien de esa edad viajar al extranjero desde ese aeropuerto. Después de un largo rato, sus preocupaciones fueron ignoradas.

Podíamos oír voces en la distancia, sin embargo, esas fueron las órdenes para iniciar los procedimientos de salida.

El avión comenzó a acelerar por la pequeña pista de aterrizaje. Todos nos miramos atrás con miedo para ver si alguien todavía vaa poner fin a esta situación.

Los edificios y los verdes soldados uniformados quedaron lejos.

Estamos ansiosos y nos miramos unos a otros para asegurarnos. Nuestras caras estaban pálidas y nuestros cuerpos entumecidos. Fue esto todo? Estábamos fuera del internamiento? Tal vez nos dejaron ir ... tal vez funcionó ... esto era en verdad increíble.

A lo largo de todo este tiempo, nuestros temores eran de ser enviado a la cárcel, o peor aún ...

   Sin embargo, no nos atrevimos expresar felicidad o ninguna emoción. Todavía estábamos en un avión comunista. "Cualquier cosa puede suceder hasta que aterricemos", susurró mi madre. Ella había estado muy inquieto, todo el tiempo.

 Volamos hacia el oscuro cielo de la madrugada. Nuestros temores se estaban derritiendo poco a poco, ya que la vista de las montañas comenzó a desaparecer.

   Un nuevo día se acercaba, y la calidez de la hermosa salida del sol comenzó a calentar nuestras heladas almas. Esto no duró mucho, ya que este sentimiento fue reemplazado por otro preocupante pensamiento.

"A dónde vamos ahora? Cómo vamos a llegar a nuestros tíos en Canadá?" Después de más de una hora de vuelo, la avioneta aterrizó en Budapest, Hungría.

Estábamos muy tímidos a intimidados por el choque cultural. Este fue nuestro primer contacto con el mundo exterior. Primero comenzó con unas pocas horas de aislamiento en las oficinas del aeropuerto. Después de algunas explicaciones difíciles, finalmente nos permitieron salir.

Budapest era una ciudad bulliciosa y hermosa, dividida por el río Danubio. Hablando sólo albanés, y enfrentando al mundo por primera vez, nos llevó un rato para averiguar cómo llegar a la ciudad desde el aeropuerto, y finalmente encontrar un lugar para quedarnos.

No fue fácil para nuestas abuela de noventa años, pero ella era más optimista que nosotros. Finalmente, ella estaba más cerca que nunca de ver a sus niños perdidos después de casi cuarenta años.

Mi padre llamó a sus hermanos y escuchó sus voces por primera vez después de tanto tiempo. Después de unos pocos timbrazos el escuchó la voz de uno de ellos que estaba en su casa. "Hello!..." Mi padre hizo una pausa. Hace cuánto tiempo desde que no había escuchado esa voz familiar... Los tíos quedaron sorprendidos y emocionados de que nos habíamos escapado, y encantado de que incluso su madre estaba con nosotros. Pero de repente la abuela era incapaz de hablar con ellos.

Ella silenciosamente eschuchó a sus voces, y comenzó a sollozar. Todos nosotros comenzamos a llorar. Se encontraban en su camino a encontrarse con nosotros.

Una vez que encontramos un refugio temporal todos nosotros nos derrumbamos en nuestras camas.

Estábamos físicamente y mentalmente agotados y que no había dormido durante unos pocos días estresantes.

Dos de nuestros tíos llegaron inmediatamente y nos encontraron muy temprano al día siguiente. El tercer tío no pudo volar debido a problemas relacionadas con la salud.

La reunión fue en realidad un momento increíblemente emocional, especialmente para una madre. Ella no había visto o escuchado las voces de sus tres hijos durante treinta y ocho años. Como se puede imaginar, había un montón de abrazos, besos, y lágrimas.

    Mi Abuela estaba tranquilamente mirando a sus niños. Ella no sabía por dónde empezar su conversaciones primero

   Nuestro tíos reservaron un hotel muy agradable a través del río Danubio, y poco después nos llevaron a pasear por la ciudad.

   Mientras cenabamos en restaurantes muy buenos, y escuchabamos a los tíos reír, bromear, y cantar, finalmente comenzamos a relajarnos.

   Nuestros rostros comenzaron a brillar, como el sol después de una tormenta, y nuestras miradas perdidas fueron reemplazados por una sonrisa confianda.

    Después de haber días de haber recibido las visas canadienses y haber hecho los trámites necesarios, nosotros estábamos listos. Nosotros habíamos esperado por muchos años que este día llegara.

  Sin perder tiempo, nos subimos a un avión otra vez. Esta vez fue un avión grande y cómodo. Fue un largo vuelo al país del que había oído hablar tanto.

    Durante el viaje, yo estaba recordando fragmentos de las historias de mis abuelos y recuerdos de sus esperanzas y sus deseos. Esta era la tierra que todos ansiaban ver.

Finalmente, el avión aterrizó sin novedad. La vista de Toronto desde arriba era increíble.

El sol estaba dando un delicado brillo a los hermosos rascacielos. Había música y decoración en todas partes alrededor del aeropuerto también. Este era un mundo diferente del que habíamos venido.

Aunque era una noche fría de noviembre, nuestros corazones estaban cálido y lleno de emoción. Éramos libres! Estábamos a salvo! Nos habíamos reunido con nuestra familia en un gran país.

Nuestros primos estaban esperando por nosotros, y especialmente por su Abuela. De hecho, ella era una inspiración. De pronto, entre la multitud llegó otra sorpresa emocional.

Fue la hermana menor de la Abuela que se había casado en Canadá desde el año 1932. El silencio reinaba. Ellas se abrazaban muy fuerte después de casi setenta años. Un largo período de tiempo para ver una hermana...

Todos nosotros nos abrazamos y besamos con lágrimas en ojos. Al ver a la multitud alegre, feliz y lleno de energía fue muy conmovedor y emocionante. Nunca más nos sentimos cansados.

Aqui estaban nuestras familias y parientes que veíamos por primera vez, pero de los que habíamos oído hablar tanto. La emoción del reencuentro fué difícil de explicar.

Mi Abuela vivió algunos años más en Canadá, y disfrutó de algunos de sus momentos perdidos con sus hijos. Ellos eran hombres mayores respetados ahora, que vivían en un gran país, con hijos mayores y sus propios nietos.

Hoy ella descansa en paz, libre del temor y la preocupación, rodeada por el paisaje verde de los árboles de arce, en un hermoso cementerio de la ciudad.

Este lugar es simplemente cómo su marido solía recordar Canadá.

Un año después de que nos fuimos, los vientos de cambio abrazaron toda Europa del Este, incluyendo el país aislado de Albania.

Las personas se lanzaron a las calles a miles. Sin temor reclamaron la libertad y la democracia. Con la caída del "Muro de Berlín" comenzo una nueva era. El sistema totalitario comunista se había derrumbado.

Más de veinte años han pasado desde entonces, y muchas cosas han cambiado. Albania es un país libre y abierto, ahora la gente vive una vida mejor; y para todos nosotros, nuestros abuelos se sentirían orgulloso.

Hoy sus nietas y nietos han seguido con sus vidas en el nuevo país de adopción.

Somos buenos ciudadanos, buenos padres y buenos trabajadores en muchas profesiones: profesores, enfermeras, cocineros, contadores, representantes de bienes raíces, dentistas y trabajadores de asistencia de todo Canadá.

Hay días en que recordamos nuestra infancia como una oscura memoria, pero todos recuerdan las historias favoritas de nuestro abuelos.

Estas son historias reales que escribimos, para continuar contándoles a nuestros hijos y nietos en el futuro.

Volando a Canadá desde el aeropuerto de Budapest.
Desde la izquierda la Abuela y dos de sus hijos. Hungría, en noviembre de 1990.

Abuela Nebije Kulla encontandose con su hermana menor Rakibe Sali después de cerca de sententa años. Canadá, 1990.

Algunas de las generaciones de los hijos, los nietos y los bisnietos de los (a)buelos Mehmet y Nehije Kulla. Canadá, Agosto de 2011.

(Basado en una historia real de la supervivencia y desafío, de una familia albanesa)

a: Zydi & Resmije Kulla, sus padres, hermanos y hermanas, y a sus familias.

Para mi esposa, Elsa y mi hijo Erik.

Para mis padres Duro y Zinet Dervishi, que me impulsan a seguir escribiendo.

- A. D.

Muchos gracias a: Bruce y Frances Gravel, Sue Reed, Dennis Kulla, Sarah Tompa, Juli Malakos, y Linda Contois por la ayuda con el libro, así como Juan Carlos Diaz por la gran ayuda con la traducción en español.

Este libro está basado en una historia real. No todo es la historia real o exacto evento que sucedió. Algunos lugares, nombres y hechos se ajustan para adaptarse al adecuado grupo de edad de los lectores.

Todos los derechos reservados. Ninguna parte de este libro puede ser usada, reproducida escaneada, o distribuida en cualquier forma, sin el permiso escrito del autor.

Para cualquier información adicional, póngase en contacto con: altin727@gmail.com

Quince & Green

Derechos de autor © 2010 Altin Dervishi

Todos los derechos reservados.

Dervishi, Altin, 1973- Volar A La Tierra De La Libertad/por Altin Dervishi

ISBN -13: 978-0993689512 ISBN -10: 0-993689515

Sobre el autor.

Altin Dervishi nació y se crió en la ciudad turística de Pogradec, Albania, durante el sistema Communista. Durante los últimos doce años, Altin ha vivido en Ontario Canadá con su esposa y su hijo. "Volar a la Tierra de la Libertad" está basada en la historia de la vida de su esposa Elsa y toda su su familia. Este es el primer libro de Altin.

www.ingramcontent.com/pod-product-compliance
Lightning Source LLC
LaVergne TN
LVHW072113070426
835510LV00002B/36